ACHILLE TALON

Et le mystère
de l'homme à deux têtes

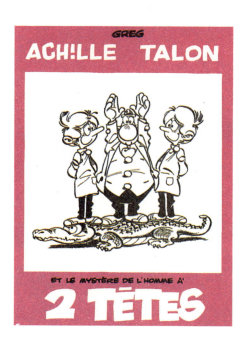

DARGAUD EDITEUR – PRESSES POCKET

...ET CES MINI-INFORMATIONS TERMINAIENT LE MINI-PROGRAMME, DÛ A' UNE CERTAINE CATÉGORIE DE MAXI-CONTRARIÉTÉS. VITE, VITE, TOUS AU LIT ET JOYEUX RÊVES, CHERS TÉLÉSPÉCTATEURS...

TOUT VA BIEN : TANT QU'ON ENTEND DES CHOSES COMME ÇA, C'EST QU'ON N'EST PAS SOURD. HOP! BONSOIR, SUCRERIE!

D'AILLEURS, UNE FOIS LE NEZ DANS SON OREILLER, LE PREMIER IMBÉCILE VENU PEUT AISÉMENT SE FAIRE SON PROPRE CINÉMA ET JE LE PROUVE INCONTINENT!

DRING

? A' CETTE HEURE ??...

COMME VOUS VOYEZ !...

AH! AH! AH! AMUSANTE MÉPRISE! MAIS QU'À CELA NE TIENNE...

...ANNONCEZ-MOI DONC AUPRÈS DE VOTRE MAÎTRESSE, MON AMI!

QUE MONSIEUR M'OBSERVE BIEN: EST-CE QUE, NON MAIS SANS BLAGUE, MONSIEUR A DÉJÀ VU UN MAJORDOME OUVRIR LA PORTE EN **PYJAMA**?

CIEL!

C'EST EN EFFET D'UNE RARE INCORRECTION! FAITES-MOI DONC PENSER À VOUS DONNER VOS HUIT JOURS, AUGUSTE...

SANS EAU, MON WHISKY...

OH! MAIS DITES-MOI, AUGUSTE, TOUT A ÉTÉ REDÉCORÉ, ICI! C'EST BIEN SIMPLE, JE NE RECONNAIS PLUS RIEN!

VOUS NE RECONNAISSEZ RIEN PARCE QUE VOUS N'ÊTES JAMAIS VENU ICI ET JE NE M'APPELLE PAS AUGUSTE MAIS ACHILLE!

VOILÀ!

CETTE CHÈRE MARQUISE AURAIT DONC CONGÉDIÉ AUGUSTE? JE M'ÉTONNE. SANS VOULOIR VOUS DÉSOBLIGER, JE VOUS TROUVE BEAUCOUP MOINS STYLÉ, MON PAUVRE ACHILLE...

ENFIN!
...

MAIS J'Y SONGE: DANS CE CAS, VOUS NE SAVEZ MÊME PAS QUI VOUS DEVEZ ANNONCER! JE ME PRÉSENTE:
...

JE SUIS... JE SUIS...
???
ALLONS, BON! EST-CE DONC VEXANT, VOILÀ QUE ÇA M'ÉCHAPPE...

VOUS AVEZ **OUBLIÉ** COMMENT VOUS VOUS APPELEZ ???

PAS D'AFFOLEMENT! UN COUP D'OEIL SUR MA CARTE DE VISITE, ET...

TIENS! ÇA, C'EST COMIQUE: J'AI AUSSI OUBLIÉ MON PORTEFEUILLE...

ALORS LÀ, ON RESTE BIEN CALME, ON S'ASSIED POSÉMENT ET ON RÉCAPITULE, MMH?

SISITTE!

HOP!

LÀ'À'À'...

VOUS N'AURIEZ PAS DÛ VOUS RASER LA BARBE, AUGUSTE. ELLE VOUS ALLAIT BIEN...

JE N'AI JAMAIS EU DE BARBE, JE M'APPELLE ACHILLE TALON, CETTE MAISON EST LA MIENNE, VOUS Y AVEZ FAIT IRRUPTION PAR ERREUR, IL EST PRÈS DE MINUIT, J'AI HORRIBLEMENT SOMMEIL **ET JE SENS QUE JE VAIS DEVENIR DÉSAGRÉABLE!**

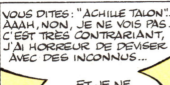

VOUS DITES: "ACHILLE TALON"... ÀÀÀH, NON, JE NE VOIS PAS. C'EST TRÈS CONTRARIANT, J'AI HORREUR DE DEVISER AVEC DES INCONNUS...

ET JE NE SUIS PAS CHEZ LA MARQUISE ?

MAIS ALORS ?...

TRAHISON !

QUOI TRAHI ? QUI A TRAHI QUI ?

MON CHAUFFEUR, PARBLEU !

LES NOMS DES RUES, LES ENDROITS OÙ JE DOIS ALLER, LES ITINÉRAIRES ET TOUTES CES CHOSES ME LASSENT. MON CHAUFFEUR ME DÉPOSE... N'IMPORTE OÙ, À CE QU'IL PARAÎT !

LE TRAÎTRE !

UNE VOITURE ? ÇA CHANGE TOUT ! NOUS ALLONS ÊTRE FIXÉS !

HOP !

CETTE RUE EST AUSSI VIDE QUE LE CERVEAU DE MON VISITEUR ! PAS LA MOINDRE VOITURE EN VUE !

QUID?

SLAM

LA PORTE !! UN COURANT D'AIR L'A REFERMÉE ! ET J'AI MOI-MÊME VERROUILLÉ CELLE DU JARDIN !!

DAMNATION !

OHÉ!...MONSIEUR... HEU... MACHIN ! OUVREZ-MOI ! C'EST MOI, TALON !

BOUM BO

AH OUI? ET C'EST A' QUEL SUJET?

C'EST AU SUJET QUE S'IL Y A EU UN CHAUFFEUR DANS CETTE RUE, IL N'A PAS ATTENDU! QU'EST-CE QUE VOUS EN DITES?

... C'EST FÂCHEUX.

MAIS EN VOUS HÂTANT, VOUS ATTRAPEREZ SÛREMENT LE DERNIER BUS... ALLONS! ENCORE BONSOIR, CHER AMI, ET MERCI DE VOTRE VISITE!

VOULEZ-VOUS OUVRIR CETTE PORTE, AHURI? JE VEUX RENTRER!

?

13

UN PETIT SHERRY?

UN DOIGT... JE SUIS EN SERVICE...

C'EST **MON** BAR!

AH. REVENONS À NOTRE AFFAIRE. NOUS DISIONS DONC QU'IL S'AGIT D'UN PYJAMA... QUI PEUT BIEN VOLER UN PYJAMA? UN FOU, SANS DOUTE! AH! AH! AH!...

C'EST CE QUE J'AI TOUJOURS PENSÉ!

CETTE COMÉDIE A ASSEZ DURÉ! JE SUIS ACHILLE TALON, LE PROPRIÉTAIRE DE CES LIEUX, CONTENU ET PYJAMAS COMPRIS, ET JE PEUX LE PROUVER! LE TEMPS DE RASSEMBLER MES PAPIERS, ET ...

?MAIS VOICI QUI EST ÉTRANGE C'EST LA PHOTO DE L'AUTRE INDIVIDU QUI FIGURE SUR VOS PAPIERS, TALON!

ÇA VIENT PEUT-ÊTRE DE CE QUE J'AI TROUVÉ CE PORTEFEUILLE SUR UNE COMMODE DONT J'IGNORAIS D'AILLEURS LA PRÉSENCE CHEZ LA MARQUISE QUI N'EST PAS LÀ NON PLUS. VOUS DEVRIEZ OUVRIR UNE ENQUÊTE.

OUI, C'EST BIEN CE QUI ME TROUBLE.

OUI MAIS TOUT ÇA N'EMPÊCHE PAS QU'AILLEURS...

CRAC

AMÉDÉE! J'ENTENDS DU BRUIT! IL Y A DES VOLEURS DANS LA BIJOUTERIE!

BONTÉ DIVINE! MAIS C'EST VRAI: ON ME DÉVALISE! CES BRIGANDS ONT TOUTES LES AUDACES! S'EN PRENDRE À MOI, UN ANCIEN DE LA RETRAITE DE 40!

HAUT LES MAINS CANAILLES ! JE SU[...]

CETTE HOMME NE [...]

BEN C'ES[...] TROP TÔ[...] S'INQUIÈ[...]

POUM ! TREIZE MINUTES SEPT SECONDES DEUX DIXIÈMES DE SOMMEIL GARANTI ! FAITES CONFIANCE AU VRAI SPÉCIALISTE !

DONG

GLP

PARFAIT. BRAVO, JOJO. BON, FINISSONS VITE D'EMBALLER...

TOUT DE MÊME, PATRON : NOUS DEVONS ÊTRE LES SEULS CAMBRIOLEURS AU MONDE À DORLOTER AUTANT NOS TÉMOINS !...

...TANDIS QUE...

CETTE AFFAIRE COMMENCE À ME DÉPASSER. DÉSOLÉ, MAIS NOUS ALLONS TIRER ÇA AU CLAIR ET AU POSTE !

AH !

CETTE NUIT-LÀ, C'ÉTAIT LE BRIGADIER TROUDRE VEILLÉ QUI ASSURAIT LA PERMA- NENCE AU POSTE DE POLICE... UN TRAVAIL FASTIDIEUX...

JE FAIS UN TRAVAIL FASTIDIEUX !

JAMAIS LA MOINDRE ALERTE !... AUCUNE ÉNIGME À DÉBROUILLER... MÊME PAS UNE PETITE MANIF NOCTURNE... AH ! LA ! LA ! ON ME POUSSERAIT UN PEU, PLOUF : JE TOMBERAIS DANS LA MOROSITÉ.

SI.

CRITCH CRITCH

ENTREZ, TALONS !

NE M'APPELEZ PLUS TALON, PUISQUE NOUS AVONS ÉTABLI QUE JE NE SAIS PAS COMMENT JE M'APPELLE !

MOI, JE SUIS TALON.

DES HOMMES EN PYJAMA ?!

CHEF, J'AI TROUVÉ CE GROS PARTICULIER À LA PORTE DE CHEZ CET AUTRE, MAIS CE N'ÉTAIT PAS VRAIMENT L'AUTRE QUI HABITAIT LÀ, JE CROIS BIEN QUE C'EST LE GROS...

PARDON! NOUS ÉTIONS CHEZ LA MARQUISE!

MAIS IL PORTE MON PYJAMA!

COMMENT POURRAIS-JE PORTER VOTRE PYJAMA PUISQUE VOUS L'AVEZ SUR LE DOS?

J'EN PORTE PLUSIEURS!

C'EST ABSURDE! SEUL UN FOU PORTE PLUSIEURS PYJAMAS EN MÊME TEMPS! ...

LES JUGES TRANCHE-RONT!

IL Y A EU TENTATIVE DE CORRUPTION, CHEF: IL M'A OFFERT À BOIRE!

LEQUEL?

CELUI QUI EST EN PYJAMA!

23

24

RÉFLÉCHISSEZ! L'AGENT N'A PAS QUITTÉ LE SUSPECT DEPUIS UNE HEURE, ET DE PLUS, IL EST, COMME ON L'AURA REMARQUÉ, EN PYJAMA! CE NE POUVAIT ÊTRE LUI QUI SE TROUVAIT DANS LA BIJOUTERIE!

C'EST POURTANT VRAI! MON AGRESSEUR, LUI, ÉTAIT HABILLÉ DÉCEMMENT!

JE TROUVE OUTRECUIDANT QU'UN QUIDAM EN CHEMISE PORTE UN JUGEMENT DÉPLAISANT SUR MA TENUE!

VOUS PORTEZ PLAINTE?

SOIT! J'AI FAIT ERREUR! MAIS ACTEZ QUE LE SIGNALEMENT DE MON VOLEUR EST CELUI DE MONSIEUR! PUIS-JE ESPÉRER PROMPTE JUSTICE?

HEU... BIEN! LA POLICE A ACTÉ VOS DÉCLARATIONS. QUE TOUT LE MONDE AILLE SE COUCHER, NOUS AGIRONS DANS L'ORDRE ET LA MÉTHODE!

FIÈRE DEVISE!

JE VOUS OFFRIRAIS BIEN UN PETIT BONNET DE NUIT, MAIS FIGUREZ-VOUS QUE J'IGNORE OÙ J'HABITE...

ALORS, BONNE NUIT!

?

C'EST L'ENQUÊTE LA PLUS ÉPROUVANTE DE MA CARRIÈRE! J'ESPÈRE NE PLUS JAMAIS REVOIR CET INDIVIDU LUNAIRE!

PSCHCH

LUI!

EXCUSEZ-MOI MAIS JE DOIS AVOIR OUBLIÉ QUELQUE CHOSE...

QUOI?

JE L'IGNORE, MAIS JE QUITTE RAREMENT UN ENDROIT SANS OUBLIER QUELQUE CHOSE... VOUS N'OU-BLIEZ JAMAIS RIEN, VOUS?

NON!

CE N'EST PAS NORMAL! SOYEZ DONC PLUS ATTENTIF!

EH BIEN! VOILÀ... J'AI ÉTÉ ENCHANTÉ DE CETTE CHARMANTE SORTIE, MON CHER... IL FAUDRA QUE NOUS NOUS VOYIONS PLUS SOUVENT!

HEU...VOUS Y TENEZ VRAIMENT?

EXCELLENTE SOIRÉE! SI J'ARRIVAIS À ME RAPPELER À QUOI NOUS L'AVONS PASSÉE, JE SUIS SÛR QUE J'EN GARDERAIS UN EXCELLENT SOUVENIR!

ÇA NE VA PAS MIEUX!

BON! JE SUPPOSE QU'IL VA FALLOIR QUE JE VOUS HÉBERGE, MAINTENANT, PUISQUE VOUS NE SAVEZ PAS OÙ ALLER...

MAIS SI: JE VAIS AVEC VOUS!

DÈS L'AUBE, NOUS NOUS ATTA-
QUERONS AU MYSTÈRE DE
VOTRE IDENTITÉ. ÇA PROMET
DU PLAISIR!

RIEN DE TEL QU'UN
PEU DE DISTRACTION.

MAIS?... LÀ!?...
OH !

IL N'Y AVAIT AUCUNE VOITURE GARÉE DEVANT CHEZ MOI
QUAND NOUS SOMMES SORTIS... MAIS VOUS M'AVIEZ PARLÉ
D'UN CHAUFFEUR... CE NE SERAIT PAS LUI, ET CETTE
AUTO NE SERAIT-ELLE PAS LA VÔTRE, PAR HASARD?

QUI
SAIT?

MAIS SI C'EST LA MIENNE, CE N'EST SÛREMENT PAS PAR HASARD... C'EST RIDICULE, CE QUE VOUS DITES LA'.

@©☆!#%!

BONSOIR, JOSEPH.

MONSIEUR PLAISANTE. MON NOM EST ARSÈNE, AINSI QUE MONSIEUR VOUDRA BIEN S'EN SOUVENIR.

EN REVANCHE, PUIS-JE DEMANDER A' MONSIEUR QUI EST L'INDIVIDU QUI DÉAMBULE AUX CÔTÉS DE MONSIEUR ?

QUEL INDIVIDU? JE NE CONNAIS AUCUN INDIVIDU, AMÉDÉE. VOUS DIVAGUEZ.

A' LA MAISON, AUGUSTE...

ARSÈNE, MONSIEUR. OUI, MONSIEUR.

AAH MAIS, OH, HÉ, HOP LÀ!...UNE MINUTE! VOUS N'ALLEZ PAS PARTIR COMME ÇA!

ET COMMENT VOUDRIEZ-VOUS QUE JE PARTE?

TOUT-À-L'HEURE, CETTE RUE ÉTAIT DÉSERTE, ET MAINTENANT, VOUS AVEZ L'AIR D'AVOIR ATTENDU SANS BOUGER... ET JE VEUX SAVOIR QUI EST CET AMNÉSIQUE! ET À PROPOS DU HOLD-UP

DU CALME! JE VAIS VOUS FOURNIR TOUS LES DÉTAILS AUXQUELS VOUS AVEZ DROIT!

VOILÀ!

VKROMM

AH, MAIS NON! ÇA, C'EST L'AUTRE QUI AURAIT PU LE DIRE! MOI, JE SUIS ACHILLE TALON, ET J'AI REÇU UN COUP SUR LE CRÂNE, MOI!

31

MAIS... CE PANTALON...
SAPERLIPOPETTE!

NOUS LE TENONS!

MON VISITEUR DE CETTE NUIT M'A VOLÉ UN PYJAMA, MAIS IL A OUBLIÉ D'EMPORTER SES PROPRES VÊTEMENTS! CE PANTALON EST À LUI, NOUS ALLONS LE FAIRE PARLER! HOP!

UN PANTALON QUI SE MET À TABLE SANS SON PROPRIÉTAIRE! OÙ ALLONS-NOUS ?

JE SAIS QU'IL N'AVAIT PAS DE PORTEFEUILLE SUR LUI, MAIS ON TROUVE PARFOIS DES TAS D'AUTRES CHOSES ÉLOQUENTES DANS UNE POCHE

PAR EXEMPLE, NOTRE HOMME AIME LES SUCRERIES, ET C'EST UN DÉGOÛTANT! LE PORTRAIT SE DESSINE!

POUAH.

JE NE DISCERNE PAS TRÈS CLAIREMENT TES INTENTIONS, MAIS SI C'EST UNE ADRESSE QUE TU CHERCHES, ELLE EST ICI...

MAIS... CE N'EST PAS L'ADRESSE DU PROPRIÉTAIRE DE CE MANTEAU! C'EST L'ÉTIQUETTE DU TAILLEUR, TOUT SIMPLEMENT!...

CELA N'OFFRE AUCUN INTÉRÊT!

CHICHILLE, MON FILS À MOI, TU FERAIS UN DÉTECTIVE MINABLE. CE VÊTEMENT EST NEUF, SON ACHAT EST RÉCENT. LE COMMERÇANT SE SOUVIENDRA DE SON CLIENT...

ET S'IL A PAYÉ PAR CHÈQUE, IL EST CUIT! EN EFFET!

L'HOMME CHIC À LE CHÈQUE-CHOC, C'EST BIEN CONNU.

NE PERDONS PLUS UN INSTANT! COUREZ INTERROGER CE TAILLEUR! JE VOUS DEMANDE DE ME FAIRE CONFIANCE, À PLUS TARD LES QUESTIONS!

HOP!

LEFUNESTE, PUIS-JE VOUS CONFIER QUELQUE CHOSE ? JE TROUVE PRÉOCCUPANT QUE MON FILS DÉTIENNE LE PANTALON D'UN QUIDAM DONT IL IGNORE JUSQU'AU NOM !

ALLONS, ALLONS ! ÇA N'A RIEN DE RÉVOLUTIONNAIRE, DES MILLIERS DE SANS-CULOTTE SE SONT AINSI FONDUS DANS L'ANONYMAT...

C'EST SIMPLE COMME LA LUNE, CETTE HISTOIRE-LÀ...

⊙☆°⍟! NON SEULEMENT CET ÉGARÉ DANTESQUE M'A-T-IL VALU UNE NUIT BLANCHE, ET UN COUP SUR LA TÊTE, MAIS ENCORE A-T-IL LAISSÉ TRAÎNER SES PETITES AFFAIRES PARTOUT !

SANS-SOIN, VA !

HÉ ! HÉ ! HÉ ! ENCORE PLUS SANS QUE ÇA ! LE VISITEUR DE LA MARQUISE BOURRE LES TROUS DE SES SEMELLES AVEC DU PAPIER !

...ET QUEL PAPIER ! UN PROSPECTUS PUBLICITAIRE !

"Clinique Privée Le Chuchotis"

"Soins attentifs et circonspects pour personnes surmenées. Eau très froide dans toutes les chambres"...

OH, L'AFFREUX ! HI ! HI ! HI !

J'AI TROUVÉ L'ADRESSE DE MON FOU!

36

LA QUESTION N'EST PAS LÀ. SOUVENEZ-VOUS QUE NOUS NE SOMMES PAS VRAIMENT DES POLICIERS. SI NOUS VOULONS IDENTIFIER LE PROPRIÉTAIRE DU VÊTEMENT ABANDONNÉ CHEZ ACHILLE, IL FAUT RUSER! TACT, DIPLOMATIE, ASTUCE ET SUBREPTICITÉ!

LEFUNESTE, VOUS ME FROISSEZ!

NON SEULEMENT LE TACT EST-IL CHEZ MOI UNE SECONDE NATURE QUASI PLUS BRILLANTE ENCORE QUE LA PREMIÈRE, MAIS ELLE BAIGNE DANS UN OCÉAN DE SENS STRATÉGIQUE.

C'EST POURQUOI VOUS M'ATTENDEZ LÀ, JE MÈNE PERSONNELLEMENT LA MANOEUVRE!

TIENS! UN MAGASIN J'ENTRE ET JE SCRUTE, CAR JE SUIS UN CLIENT POTENTIEL QUI A LES MOYENS.

?

EH SI.

HUM HUM.

37

MON AMI, JE SERAI CLAIR. J'AI DES IDÉES EXTRÊMEMENT PRÉCISES SUR L'ÉLÉGANCE.

JE L'AVAIS OBSERVÉ. PTT. MAIS IL N'EXISTE AUCUN DÉFI QUE LA MAISON NE PUISSE SOUTENIR, MONSIEUR.

PT PT

JE VOULAIS DIRE QU'ÉTANT À LA RECHERCHE D'UN PARDESSUS D'UN MODÈLE BIEN PARTICULIER, VOUS SEREZ PRIÉ DE SUIVRE MA DESCRIPTION, ET J'AI HORREUR DES DOUBLES SENS.

NOUS DISONS: UN MODÈLE DROIT, NON RÉVERSIBLE... PTPARFAIT.

VOICI UN ÉCHANTILLON DU TISSU. ÇA VIENT DE CHEZ VOUS, JE SUIS FORMEL. D'AILLEURS VOTRE CLIENT ÉTAIT VRAISEMBLABLEMENT UN PAUVRE D'ESPRIT.

COMMENT DOIS-JE L'ENTENDRE?

PAR LES OREILLES. CES CHOSES, DES DEUX CÔTÉS DE VOTRE TÊTE. J'AI LES MÊMES ET VOUS ME LES ECHAUFFEZ.

JE VOIS. MONSIEUR TIENT DU POIL DE CHAMEAU.

PAS DU TOUT. JE TIENS DE MON PÈRE, HOMME BOURRÉ DE TACT MAIS QU'IL NE FALLAIT PAS POUSSER TROP LOIN!
...

...MON AMI!

TIENS! CE BON LEFUNESTE! QU'ATTENDEZ-VOUS LÀ SUR CE TROTTOIR, HEUREUX COQUIN? UN RENDEZ-VOUS FRIPON?

BONJOUR, MAJOR LAFRIME...

À VRAI DIRE, MONSIEUR TALON PÈRE ET MOI-MÊME SOMMES EN MISSION SECRÈTE... NOUS TENTONS D'IDENTIFIER UN PERSONNAGE INDÉTERMINÉ QUI EST MÊLÉ À UN MYSTÈRE INEXPLICABLE AU SUJET DUQUEL NOUS SOMMES DANS L'IGNORANCE...

SAC À PAPIER! DU CONTRE-ESPIONNAGE?

POUR NE RIEN VOUS CACHER, NUL N'EN SAIT RIEN! L'ÉNIGME EST SI OBSCURE QUE L'ANGUILLE QUI RICANE SOURNOISEMENT SOUS LA ROCHE RESTE PLUS ANONYME QU'UN SPHINX QUI TRICHERAIT AU POKER-MENTEUR!

MAIS NOUS NOUS SOMMES PARTAGÉ LA TÂCHE AVEC UNE RUSE QUI LAISSERAIT LE HAIFFEBIHAYE PANTOIS COMME UNE CHAUSSETTE: TANDIS QUE JE VEILLE ICI EN DÉROUTANT LE BADAUD HAGARD, PAPA TALON, MINE DE RIEN, FINASSE DANS LA SUBREPTICITÉ, ET...

DIANTRE

ET NE REMETTEZ PLUS LES PIEDS ICI, GUIGNOL GROTESQUE, OU JE PERDRAIS MON SANG-FROID!

TRISTE ÉPOQUE, MESSIEURS!
QUAND LE FIN DIPLOMATE PARLE DENTELLE ET QU'ON LUI RÉPOND COUP DE TATANE AU BADABOUM, IL NE LUI RESTE PLUS QU'À REMBALLER SES DONS DANS LE DRAPEAU NOIR DU MÉPRIS, ET À **DONNER SA DÉMISSION!**

MAIS ACHILLE? QUE VA-T-IL PENSER SI NOUS ABANDONNONS?

QU'IL SE DÉBROUILLE! DÉSORMAIS, MOI, JE M'EN BROSSE LE NOMBRIL AVEC LE PINCEAU DE L'INDIFFÉRENCE!

DANS CE CAS, JE CROIS QUE JE VAIS TENTER UN ULTIME ESSAI, À MON TOUR!

POURQUOI PAS? SI LA DISTINCTION NATURELLE DE L'HOMME DU MONDE N'A RIEN DONNÉ...

AH, MONSIEUR, PTT, SOYEZ LE BIENVENU. SI JE VOUS DISAIS...

PTT

...À QUEL POINT LA VUE D'UN CLIENT NORMAL ME SOULAGE, APRÈS LE PASSAGE DE L'ÉNER-GUMÈNE QUI SORT D'ICI, VOUS AURIEZ PEINE À ME CROIRE!

QUE PUIS-JE POUR VOUS ÊTRE AGRÉABLE?

JE VAIS ÊTRE FRANC: JE CHERCHE UN PARDESSUS...

PTT.

ÇA, C'EST AMUSANT.

IMAGINEZ-VOUS QUE LE FURIEUX DONT JE VOUS PARLAIS VOULAIT PRÉCISÉMENT, LUI AUSSI, UN PAR-DESSUS. OU PLUTÔT L'HOMME QUI, D'APRÈS LUI, ÉTAIT DEDANS. ET POUR APPUYER SON DÉLIRE, L'OLIBRIUS BRANDISSAIT UN LAMBEAU D'ÉTOFFE SALE!

CE GENRE DE LAMBEAU?

DISONS-LE: IL Y A DES JOURNÉES COMME ÇA.

VOULEZ-VOUS MON AVIS, LAFRIME?... CETTE ENQUÊTE A TENDANCE À PIÉTINER.

PTT.

IL FAUT CONVAINCRE ACHILLE D'ABORDER LE PROBLÈME AVEC D'AUTRES MÉTHODES. IL NOUS DOIT D'AILLEURS DES ÉCLAIRCISSEMENTS.

ALAMBIC-DIEUDONNÉ-CORYDON, MON AMI, CETTE AFFAIRE ME PASSIONNE. JE METS MON CERVEAU TOUT ENTIER À VOTRE DISPOSITION.

JE SAIS QUE VOUS N'EN ABUSEREZ PAS.

MERCI, LAFRIME. LES CONCOURS LES PLUS MINIMES SONT LES BIENVENUS. VOICI LA MAISON, NOUS ALLONS TENIR CONSEIL DE GUERRE AUTOUR D'UNE PETITE BIÈRE, TIENS, HOP!

L'HEURE N'EST PLUS AUX ÉCONOMIES.

? BIZARRE ÉTRANGETÉ: LA PORTE ENCORE OUVERTE, LE PETIT CHAPEAU D'ACHILLE ABSENT DE SA PATÈRE... QUID ?

IL Y A UN MOT...

DAMNATION ! LE GALOPIN !!

C'EST DE CHICHILLE, MON FILS À MOI ! IL SE DÉCIDE ENFIN À NOUS RÉVÉLER QUE SON AGRESSEUR ANONYME EST UN DANGEREUX DÉMENT ET, AYANT DÉCOUVERT SON REPAIRE, IL S'Y LANCE TOUT SEUL SANS NOUS ATTENDRE !

SAC À PAPIER !

IL DONNE L'ADRESSE ?

OUI ! C'EST À LA CAMPAGNE HOSTILE ET INAMICALE !

QUELLE IMPRÉVOYANCE ! QUELLE IMPRÉVOYANCE !

MON MORAL S'ÉLANCE À NOUVEAU À L'ASSAUT DES CÎMES! LE CONTACT DE LA CAMPAGNE, DE LA NATURE ACCUEILLANTE ET FRATERNELLE, M'A TOUJOURS GOUGOUZI-GOUZÉ LE TONUS. JE SENS QUE NOUS ALLONS ABORDER UN VIRAGE ESSENTIEL ET DÉCISIF. HOP!

AH. UN AUTOCHTONE. JE M'INFORME.

NOBLE ET HONNÊTE AGRICULTEUR, ACCEPTEZ MON SALUT ENTHOUSIASTE ET CEPENDANT CITADIN.

BEN OUI MAIS VOUS EMPUANTISSEZ BIEN MON CHAMP AVEC CETTE VÉHICULE-LÀ TOUT DE MÊME.

HEU... JE NE M'ATTARDERAI PAS. JE CHERCHE LA CLINIQUE DU "CHUCHOTIS", QUI NE DOIT PAS ÊTRE BIEN LOIN... EN CONNAÎTRIEZ-VOUS L'ENTRÉE DE SERVICE?

SERIEZ-VOUS DONC MÉDECIN, DES FOIS COMME ÇA MALGRÉ VOTRE AIR?

47

AAAHH...HEU...BLIG...BON! EH BIEN, MERCI DE VOTRE OBLIGEANCE, AMIRAL...JE ...JE CROIS QUE JE TROUVERAI MON CHEMIN TOUT SEUL, À PRÉSENT...HOP... HÉ, HÉ...

PLUS UN PAS!

VOUS MARCHEZ DANS L'HERBE! VOUS ÊTES FOU!

POURQUOI? C'EST INTERDIT?

CEUX QUI NE SUIVENT PAS LES SENTIERS NE MARCHENT PAS DANS LE DROIT CHEMIN...

UN INSTANT! NE N- NE NOUS AFFOLONS PAS...

QUI VOUS PARLE, À VOUS?

NELSON! COMBIEN DE FOIS FAUDRA-T-IL VOUS DÉFENDRE DE VOUS ÉLOIGNER DU CHÂTEAU? PETIT INCORRIGIBLE!

J'VEUX PAS DE DOUCHE, NA!

EXCUSEZ-MOI: JE RÉALISE SOUDAIN QUE VOUS DEVEZ ÊTRE UN VISITEUR... JE SUIS À VOUS DANS UN INSTANT. FAITES COMME CHEZ VOUS...

LA DOUCHE, TOUJOURS LA DOUCHE! J'AI BEAU ÊTRE AMIRAL, RAS LE BOL DE L'EAU FROIDE!

DAMNATION! LUI, ICI?!...
IL VA FALLOIR JOUER
SERRÉ!

VEUILLEZ NOUS PARDONNER CES MENUS INCIDENTS...
MONSIEUR LE DIRECTEUR VA SE FAIRE UNE JOIE DE
VOUS RECEVOIR...

C'EST UN HOMME
TRÈS ACCESSIBLE.

PLACEZ-VOUS
DEVANT LA
CAMÉRA.

C'EST UN QUIDAM DE L'EXTÉRIEUR
QUI SOLLICITE UNE ENTREVUE,
MONSIEUR LE DIRECTEUR... IL
SEMBLE INOFFENSIF..

BZZZZ

CRR?

TIK TIK
TIK

BZZZZ

MONSIEUR LE
DIRECTEUR EN
CONVIENT...
VOUS ÊTES
ADMIS.

AH
BON?

OH, NON !?!

VOUS! MON HOMME DE CETTE NUIT! ☺!!☠️·!? QU'EST-CE QUE VOUS FAITES DERRIÈRE CE BUREAU?

PLAÎT-IL?

INTRUSION BIZARRE, VOLUBILITÉ SUSPECTE, DISCOURS CONFUS... MOUI, MOUI, MOUI, MOUI, EEEH BEN.

IL ÉTAIT TEMPS.

JE DIAGNOSTIQUE IPSO FACTO UN DÉLIRE PARANOÏAQUE AVEC COMPLICATIONS... IL Y A LONGTEMPS QUE VOUS ÊTES EN TRAITEMENT? QUEL EST LE CONFRÈRE QUI VOUS ENVOIE?

VOULEZ-VOUS REGAGNER TOUT DE SUITE VOTRE CABANON ET ME LAISSER PARLER AU VRAI DIRECTEUR DE CETTE CLINIQUE?!?

BONTÉ DIVINE! LA CRISE!

ÉCOUTEZ, JEUNE HOMME, GARDONS NOTRE SANG-FROID: **JE SUIS** LE DIRECTEUR DU "CHUCHOTIS", ET SI VOUS AVEZ QUELQUE CHOSE À DIRE, JE VOUS ÉCOUTE!

MISÈRE! IL EST ENCORE PLUS CINGLÉ QUE JE NE LE CRAIGNAIS! IL FAUT QUE JE RETOURNE D'UR-GENCE ALERTER L'INFIRMIER QUI M'A AMENÉ...

HOP! HUM...VOILÀ, VOILÀ, VOILÀ. VOUS ÊTES LE DIRECTEUR! OH, LE BEAU DIRECTEUR, ÇA, MADAME! IL S'ASSIED SAGEMENT DANS UN JOLI FAUTEUIL, ET ON REPREND TOUT À ZÉRO COMME AVANT L'ENTRÉE DE SON AMI TALON...LÀ'À'À...

SISITTE.

INFIRMIER ! VITE ! UN FOU S'EST ÉCHAPPÉ !

ALORS? OÙ EST-IL, CE FOU, QUE JE TE LE ME CALME?

MAIS... LÀ, DEVANT VOUS!

C'EST LUI!

CALMEZ-LE!

COMMENT? C'EST VOUS, LE FOU, MONSIEUR LE DIRECTEUR? JE VEUX DIRE... MAIS ALORS, C'EST CE GROS CINGLÉ QUI EST FOU! JE VAIS LE MATER!

MAIS NON, MAIS NON MON BON PLACIDE...

IL S'AGIT EN SOMME D'UNE CONFUSION BIEN NATURELLE... PRÉCISÉMENT, VOICI LA VIVANTE EXPLICATION DU PETIT MALENTENDU, QUI NOUS REJOINT... NON?

AAH!

LUI !!!... C'EST LUI ! ET VOUS, C'EST VOUS !!! QUI EST LUI ? QUI ÊTES-VOUS ?

VOUS SAVEZ, EN PRINCIPE, LES GENS ENTRENT ICI UN PEU DÉRANGÉS, ET EN SORTENT GUÉRIS... VOUS, CE SERAIT PLUTÔT L'INVERSE !

LE SIMOUN DE LA FOLIE COMMENCE À ME SIFFLER DANS LES CIRCONVOLUTIONS ! ... JE M'ÉGARE !

MAIS TRÈVE DE BALIVERNES. VOUS AVEZ ÉVIDEMMENT COMPRIS QUE NOUS ÉTIONS JUMEAUX. JE SUIS SIGISMOND SONNET, ET VOICI MON FRÈRE BARNABÉ. ON PRÉTEND EN EFFET QUE NOUS AVONS COMME UN AIR DE FAMILLE...

TON EXPLICATION DE NOTRE RESSEMBLANCE EST LUMINEUSE, MON CHER FRÈRE... À L'EXCEPTION D'UNE PETITE ERREUR: **JE** SUIS SIGISMOND, ET TOI, BARNABÉ!

PAR EXEMPLE !?

TU EN ES SÛR?

COMME DE MOI-MÊME! D'AILLEURS TU SAIS BIEN QUE C'EST MAMAN QUI A TROUVÉ LE MOYEN DE NOUS DISTINGUER, GRÂCE À MA TACHE DE NAISSANCE, ICI...

OH!

ÇA, ALORS! IL N'Y A RIEN! TU AVAIS RAISON: C'EST BIEN TOI, SIGISMOND!

ERREUR BIEN EXCUSABLE!

SIGISMOND OU BARNABÉ, L'UN DE VOUS DIRIGE DONC CETTE CLINIQUE, OÙ L'AUTRE AMNÉSIQUE EST SOIGNÉ... MAIS LEQUEL ?

AH ! VOILÀ...

C'EST TOUTE LA QUESTION...

IL Y A DANS TOUT CECI COMME L'OMBRE OBSCURE D'UNE MACHINATION TÉNÉBREUSE DONT L'OPACITÉ DÉCOURAGERAIT UN MINEUR DE FOND NYCTALOPE, MAIS PAS MOI ! LA NUIT DERNIÈRE, ON M'A DONNÉ UN COUP SUR L'OCCIPUT, AINSI QU'AU BIJOUTIER PETITCARAT, ET UNE PETITE VOIX ME TONITRUE QUE CELUI DE VOUS DEUX QUI N'EST PAS L'AUTRE POURRAIT BIEN Y ÊTRE POUR QUELQUE CHOSE !

QU'EST-CE QU'IL DIT ?

JE DIS QUE LA SITUATION NE ME DIT RIEN QUI VAILLE, ET QUE LA POLICE, QUE JE VAIS QUÉRIR DE CE PAS, SE CHARGERA DE DÉBROUILLER VOS FICELLES, MESSIEURS LES TORTUEUX !

HOP !

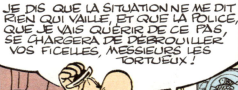

JE VAIS VOUS FAIRE UNE SUGGESTION : **VOUS DEVRIEZ CHANGER D'AVIS, MONSIEUR TALON !**

ALORS, J'AVAIS EU LE NEZ FIN : VOUS ÊTES DES MALFAITEURS !

ALLONS, ALLONS ! EN VOILÀ, DES GRANDS MOTS !

TSSS !

DISONS QUE LES TEMPS SONT DURS ET QU'IL NOUS ARRIVE.. HEU...D'ARRONDIR UN TANTINET LES RESSOURCES DE NOTRE CHÈRE PETITE CLINIQUE ... C'EST UNE CONFIDENCE : JE SUIS SÛR QUE NOUS ALLONS POUVOIR COMPTER SUR VOTRE DISCRÉTION...

SI VOUS CROYEZ ÇA, VOUS VOUS FOURREZ LE DOIGT DANS L'OEIL ASSEZ LOIN POUR VOUS GRATTER L'OMOPLATE PAR L'INTÉRIEUR! JE CROIS AVOIR COMPRIS PAR QUELLE ASTUCE CONDAMNABLE VOUS AVEZ PU JUSQU'ICI VOUS ASSURER L'IMPUNITÉ, MAIS ÇA NE VA PAS DURER! JE CRIERAI LA VÉRITÉ SUR LES TOITS ET...

JE VOIS CE QUE C'EST... NOUS AVONS L'HABITUDE MON BON PLACIDE, VOUS VOYEZ CE QU'IL VOUS RESTE À FAIRE...

BOUM! C'EST PARTI!

DÉTACHEZ-MOI! JE VOUS ORDONNE DE ME DÉTACHER!

MMEUH-OUI! MMEUH-OUI!

DOUCHES

TALON ACHILLE, MON AMI PRÉFÉRÉ, SOIS CALME. DÉAMBULONS MENTALEMENT DANS LES MÉANDRES SINUEUX DE LA SITUATION. J'AIMERAIS ASSEZ M'EN SORTIR PAR UNE ISSUE QUI NE SOIT PAS FATALE !

POINTS UN ET DEUX : LES JUMEAUX SONNET. L'UN DEUX EST ÉVIDEMMENT LE CHEF DE BANDE ...

DONC, ON DÉPOSE L'AUTRE JUMEAU CHEZ MOI... IL PRÉTEND S'ÊTRE TROMPÉ D'ADRESSE... BREF, IL NE ME QUITTE PAS DE LA SOIRÉE, LES AGENTS PEUVENT LE CONFIRMER. C'EST CE QUI LE LAVE DES SOUPÇONS DU BIJOUTIER QUI, PLUS TARD, CROIT RECONNAÎTRE EN LUI SON VOLEUR ...

SAPERLIPOPETTE !
J'Y SUIS !

LE VOILE SE DÉCHIRE.

STUPEUR ET ILLUMINATION.

CHARNIÈRE DU RÉCIT.

MANOEUVRE!! "ON" VOULAIT BEL ET BIEN QUE JE SERVE D'ALIBI À L'UN DES DEUX JUMEAUX! L'ASTUCE, C'EST QUE PERSONNE, À L'EXTÉRIEUR, NE SAIT QU'IL Y A **DEUX TÊTES** SUR LE NOM DE SONNET. PENDANT QUE JE M'OCCUPAIS DE L'UN, L'AUTRE MENAIT SES GANGSTERS À L'ASSAUT!

CONCLUSION: ON S'EST PAYÉ MON PORTRAIT, JE SUIS EN COLÈRE, JE FRAPPERAIS VOLONTIERS SUR LE NEZ DE SONNET, ET J'ÉMETS DES RÉSERVES.

SI.

HOP!

JE NE DÉRANGE PAS, AU MOINS?

LUI!

ALLEZ-Y! HOP! PROFITEZ DE LA SITUATION, CANAILLE SORDIDE ET REPOUSSANTE! NARGUEZ, NARGUEZ. COMME C'EST FACILE!

MOI?

AH AH AH.

PFTT.

POURQUOI FERAIS-JE UNE CHOSE PAREILLE ? VOUS DEVEZ CONFONDRE, MON BRAVE. RASSEMBLEZ VOS ESPRITS : JE SUIS SÛR QUE VOUS ME PRENEZ POUR UN AUTRE...

MAIS VOILÀ : QUEL AUTRE ? TOUT EST LÀ ! L'IMPORTANT, POUR DISSIPER LA CONFUSION, SERAIT TOUT D'ABORD D'ÉTABLIR QUI JE SUIS, MOI ! SI NOUS SAVONS QUI JE SUIS, NOUS SAURONS DU MÊME COUP QUI JE NE SUIS PAS...

CE SERAIT UN PAS VERS LA CLARTÉ...

VOYONS : JE NE SUIS PAS L'AMIRAL NELSON, JE VIENS DE LE CROISER... ET D'UN !

SANGLOT

MAIS PENDANT CE TEMPS, ET À L'INSU DE TOUS SAUF BIEN ENTENDU DE NOS CHERS LECTEURS, TOUJOURS PRIVILÉGIÉS, NON LOIN DES GRILLES DE LA CLINIQUE PRIVÉE " LE CHUCHOTIS "...

SA VOITURE!

SI L'AUTOMOBILE D'ACHILLE, MON FILS À MOI, L'ATTEND ICI, C'EST QU'IL N'EST PAS LOIN. LA CLINIQUE DONT NOUS AVONS L'ADRESSE DOIT SE CACHER DANS LES PARAGES.

IL Y A UNE PROPRIÉTÉ PRIVÉE, LÀ-BAS...

L'INTRÉPIDE MOTEUR DE CE BOUILLANT VÉHICULE EST TOUT FROID. IL STATIONNE DONC ICI DEPUIS UN BON MOMENT. IL EST ANORMAL QU'UNE SIMPLE VÉRIFICATION RETIENNE CHICHILLE AUSSI LONGTEMPS. MA FIBRE PATERNELLE TRESSAUTE DE MÉFIANCE.

JE SUIS VOTRE PRISONNIER, SOIT! MAIS NE M'INFLIGEZ PAS VOTRE MAUVAISE COMÉDIE EN PLUS! JE SUIS SÛR QUE VOUS N'ÊTES PAS AMNÉSIQUE!

A. MNÉSIK? EN EFFET! C'EST UN NOM QUI NE ME DIT RIEN. VOUS AVEZ PARFAITEMENT RAISON, VOILÀ UNE IDENTITÉ DE PLUS QUE NOUS POUVONS RAYER. JE NE SUIS NI NELSON, NI MNÉSIK. NE NOUS DÉCOURAGEONS PAS, ÇA AVANCE...

ALORS, BON... DUPONT? NON! DUVAL?... NON. DUROND? POINT.

IL FAUDRAIT NOTER TOUT ÇA...

LE DOUTE N'EST PLUS PERMIS : JE ME TROMPAIS, L'HOMME NE BLUFFE PAS. ET S'IL EST BIEN AMNÉSIQUE, IL EST DONC **INNOCENT**, ET SON FRÈRE SE SERT DE LUI !

DUPIED ??

C'EST BIEN "LE CHUCHOTIS", ALORS ? NOUS OFFENSIVONS ?

DU CALME! SI CHICHILLE EST LÀ-DEDANS, IL FAUT L'INFORMER DE NOTRE PRÉSENCE...

...ET JE SAIS COMMENT, MILLE CANETTES! LÀ-BAS, ACHILLE SERA SEUL À COMPRENDRE !...

72

ET L'INSTANT D'APRÈS, PAR DESSUS LES FRONDAISONS DU PARC DE LA SINISTRE CLINIQUE SONNET...

PWÄÄRR-PÉEÉTTTuu

PWÄÄP PÉE-HÉÉTUTUTHEÜRK

?

TIENS ! LE CHANT DU ROSSIGNOL... LES BEAUX JOURS REVIENNENT ...

JE NE M'APPELLE PAS ROSSIGNOL NON PLUS...ET POURTANT, IL ME SEMBLE QUE ÇA SE RAPPROCHE... VAUTOUR ? NON... PÉLICAN ? AH ?... AAAHH ?... **NON !**

MON KLAXON !... MON PAPA ! LES COPAINS !... IL FAUT QUE J'ARRIVE À LES PRÉVENIR !

JE LUI FAIS CONFIANCE ? ...OUI ? NON ?... BAH ! AU POINT OÙ J'EN SUIS... HOP !...

VOUS VOUS APPELEZ SONNET! ET PUISQUE VOUS PRÉTENDEZ ÊTRE DE BONNE FOI, C'EST LE MOMENT DE LE PROUVER, MONSIEUR SONNET. J'AI UN SERVICE À VOUS DEMANDER.

C'EST COMME SI C'ÉTAIT FAIT!

DES AMIS M'ATTENDENT À LA GRILLE... POURRIEZ-VOUS ALLER DISCRÈTEMENT LEUR INDIQUER QUE JE SUIS RETENU ICI ET QU'ON M'A PASSÉ LA CAMISOLE DE FORCE?... SURTOUT, N'OUBLIEZ PAS TOUT EN CHEMIN!

ME PRENDRIEZ-VOUS POUR UN ÉTOURDI?

ENFANTIN! JE DOIS DONC INFORMER CES MESSIEURS DE L'ENDROIT OÙ ILS SONT, LEUR AMI NE POUVANT LEUR LIVRER LA CAMISOLE QUI...

OÙ EN ÉTAIS-JE?

AH OUI. JE M'APPELLE QUATRAIN ...

QUELQU'UN!

OUI, MAIS CE N'EST PAS ACHILLE...

MESSIEURS, JE SERAI NET!

VOTRE AMI DONT LE NOM M'ÉCHAPPE M'A RÉVÉLÉ QUE JE M'APPELAIS POÈME ET TIENT BEAUCOUP À RETENIR UNE CAMISOLE QU'IL VOUS PRIE DE NE PAS OUBLIER À LA GRILLE...

OU PLUTÔT, NON...UN INSTANT, VOUS M'EM-BROUILLEZ...NE SERAIT-CE PAS MOI QUI DOIS VOUS INSTRUIRE DE L'EXISTENCE D'UNE GRILLE, RETENUE PAR DISCRÉTION QUI...

A MOINS QUE VOUS NE PUIS-SIEZ M'INDIQUER OÙ ON RETIENT LA CAMISOLE DE VOTRE AMI, CE QUI COMPLI-QUERAIT TOUT, MAIS DES QUE LA GRILLE SERA PASSÉE DE FORCE... AU FAIT, LEQUEL D'ENTRE VOUS S'APPELLE-T-IL ALEXANDRIN?

ÉCOUTEZ, JE SUIS TOUT DISPOSÉ À VOUS RENDRE SERVICE, MAIS IL FAUDRAIT Y METTRE UN PEU DU VÔTRE... EN PLUS DE CETTE CAMISOLE, VOUS DEVRIEZ APPORTER QUELQUES PRÉCISIONS

C'EST QUE NOUS NE VOUDRIONS PAS ABUSER DAVANTAGE, CHER MONSIEUR... NOUS NOUS EN TIRERONS TRÈS BIEN, À PRÉSENT.. ENCORE MERCI, ET NOS HOMMAGES À MADAME...

J'AIME MIEUX CELA!

?

MAIS, LEFUNESTE! IL FALLAIT TIRER LES VERS DU NEZ DE CET AHURI! NOUS FAISONS CHOU-BLANC!

PAS DU TOUT! CE MESSAGE INCOMPRÉHENSIBLE N'EN ÉTAIT PAS MOINS LIMPIDE!

NOUS SAVONS MAINTENANT QU'ACHILLE EST BIEN LÀ, DANS CET ASILE, ET QU'IL N'A PAS PU VENIR NOUS LE DIRE LUI-MÊME. DONC, ON L'EN EMPÊCHE. DONC "LE CHUCHOTIS" EST TERRITOIRE HOSTILE POUR NOUS AUSSI. DONC. **C'EST LA GUERRE**, MESSIEURS!

OUAIP. D'ABORD, NOUS INTRODUIRE DANS LA PLACE, ET PAS PAR LA PORTE...

SI VOUS EN CROYEZ MA VIEILLE EXPÉRIENCE MILITAIRE, IL FAUT PRÉVOIR DES SIGNAUX D'ALARME SUR TOUS LES MURS...

IL S'AGISSAIT DE PASSER PAR-DESSUS CE MUR SANS LE TOUCHER. OR AUCUN ARBRE N'ÉTAIT ASSEZ PROCHE... CETTE INGÉNIEUSE CONSTRUCTION EN TIENDRA LIEU. BIEN ENTENDU, LES ENNEMIS DE LA GYMNASTIQUE ET LES ADIPEUX INOPÉRANTS PEUVENT SOLLICITER LEUR DÉMOBILISATION...

TECHNIQUE: ON SE PLACE AU SOMMET DU TALUS, ON FONCE EN COURANT VERS LA CORDE, ON SAISIT LA SUSDITE EN PLEIN ÉLAN, ELLE DÉCRIT UN ARC DE CERCLE MINUTIEUSEMENT CALCULÉ, ET ON SE RAMASSE EN SOUPLESSE ET DANS L'ADMIRATION GÉNÉRALE DE L'AUTRE CÔTÉ. C'EST VU ?

HEUREUSEMENT, IL Y A UNE CLINIQUE PAS LOIN.

ADIPEUX? QUI ÇA, ADIPEUX ?

GARE, LÀ-DESSOUS! LAISSEZ PASSER LES ADIPEUX!

ÇA MARCHE!

HORREUR ET APPROXIMATIVITÉ! LA CORDE ÉTAIT TROP LONGUE!

ÇA A TOUT DE MÊME FAILLI RÉUSSIR! VOYEZ LE MUR: UN PEU PLUS, IL PASSAIT À TRAVERS!

JE VOIS CE QUE C'EST: MINUSCULE ERREUR D'APPRÉCIATION. ON RECTIFIE, ET HOP: LEFUNESTE, VOUS SEREZ NOTRE KAMIKAZE NUMÉRO DEUX.

UN PRESSENTIMENT M'ENVAHIT.

JE SUIS SECONDÉ PAR DES **INCAPABLES !** JE DOIS TOUT FAIRE MOI-MÊME, ICI,

ET

BON. ALORS, NOUS DISONS: ESTIMATION, ÉLAN, RUSH TERRIBLE, BOND PRODIGIEUX, FRANCHISSEMENT IRRÉPRESSIBLE...HOP!

PAS COMMODE.

IL S'AGIT DE METTRE TOUTES LES CHANCES DE MON CÔTÉ.

AH**AAH.**

OP

SLP

BROPS

TOUTES LES CHANCES **SONT** DE MON CÔTÉ!

PAS DE PANIQUE DANS LES RANGS! TOUT VA BIEN! LE SEUL DÉTAIL À RETENIR, C'EST QU'IL EST PRÉFÉRABLE DE VISER UN PEU PLUS À GAUCHE...

...SAUF LES AMATEURS DE SALADE DE MELON! AH! AH! AH!

GRRR

OUAH! OUAH!

ILS ONT COMPRIS, MAIS LEFUNESTE S'EST ENRHUMÉ...

HORREUR! CE N'EST PAS LEFUNESTE, C'EST UN MOLOSSE! ILS ONT LÂCHÉ LES CHIENS!

QUAND J'ÉCRIRAI MES MÉMOIRES, JE RAYERAI CE PASSAGE. AUCUN LECTEUR N'ADMETTRAIT D'Y CROIRE!

C'EST EXTRAORDINAIRE COMME C'EST EXPRESSIF, L'ŒIL DE CES PETITES BÊTES! C'EST L'HALLALI QUE JE LIS LA'... ADIEU CHICHILLE, J'AI ESSAYÉ D'ÊTRE BON PÈRE, AVANT D'ÊTRE UN PÈRE SUCCULENT...

OH! PARDON...

DONG

BLOFF

VOUS AVIEZ TORT DE VOUS EN FAIRE, PAPA TALON: ON A VISIBLEMENT OUBLIÉ DE PRÉVOIR DES GARS COMME NOUS DANS L'ENTRAÎNEMENT DE CES MOLOSSES! JE LES DEVINE DÉCONCERTÉS!

WARF!
KAÏ!
KAÏ!

TAÏAUT! LES CHIENS ONT TROUVÉ LES ESPIONS!

MESSIEURS, DOMINONS NOTRE SENSIBILITÉ: NOUS ALLONS DÉCOUVRIR UNE SCÈNE DE **CARNAGE**! LA CURÉE! LE DÉCHIQUETAGE! NOS FAUVES S'EN PAYENT UNE TRANCHE! LEUR FÉROCITÉ S'EST...

HIC

89

DES GAILLARDS QUI ONT RÉUSSI À EFFRAYER MES CHIENS SONT PLUS DANGEREUX QUE PRÉVU ! IL FAUT LES AVOIR PAR SURPRISE !

HIC !

AH ! QUE C'EST GÊNANT, UN TRUC COMME **HIC**

HIC !

HIC

HOUH !

C'EST BIENTÔT FINI, CE CHAHUT ?!? PASSE ENCORE POUR LE HOQUET, MAIS SI TU TE METS EN PLUS À POUSSER DES CRIS, COMMENT VEUX-TU QUE NOUS SURPRENIONS LES ESPIONS ?

M- MÊ MÊ MAIS

CE QU'IL Y A SURTOUT DE SURPRENANT, C'EST QU'UN DES BONSHOMMES QUE NOUS ESSAYONS DE SURPRENDRE, M'A SURPRIS... ÇA ME SURPRENDRAIT SI NOUS LES PRENIONS PAR SURPRISE !...

MAIS OUI, MAJOR, LES MILITAIRES ONT TOUS BON'COEUR QUAND ILS SONT À LA RETRAITE, ET VOUS AVEZ VOULU SOULAGER CET INDIVIDU DE SON HOQUET... N'EMPÊCHE ! ABSTENEZ-VOUS DE FAIRE PEUR AUX GENS PENDANT UN MOMENT !

PROMIS, PROMIS...

GNÃÃÃH !

C'ÉTAIT LE SON LE PLUS AFFREUX QUE J'AIE ENTENDU DEPUIS LE JOUR OÙ ON M'A DEMANDE DE DONNER MON AVIS SUR UNE NOUVELLE BIÈRE SYN-THÉTIQUE!

MAIS VOUS N'ALLEZ PAS BIEN, LAFRIME! QUAND NOUS SERONS TOUS MORTS DE CRISE CARDIAQUE, QUI IRA DÉLIVRER TALON?

VOUS ME REMERCIEREZ! REGARDEZ!

MILLE CANETTES! LE MAJOR A RAISON! J'ALLAIS POSER LA SEMELLE EN PLEIN SUR CE PIÈGE À LOUPS!

AH! LES MONSTRUEUX TAQUINS!

AVEZ-VOUS ENTENDU COMME MOI CE CRI ABOMINABLE?

POURQUOI, ABOMINABLE? C'ÉTAIT UN TRÈS BEAU CRI D'AGONIE...

HIC

ILS ONT ÉCHAPPÉ AUX CHIENS, MAIS PAS AUX PIÈGES ! TRIOMPHE DE MA STRATÉGIE : J'AVAIS PRÉVU QUE DES INTRUS, OBSERVANT LES ALENTOURS, OUBLIERAIENT BÊTEMENT DE SURVEILLER LE SOL À LEURS PIEDS, ET...

HIC

SHLOKK

GLP

GNGNGNGNGNIGNI GNIIIII GNIGNIGNIH !

BON ! SOYONS SÉRIEUX, MAINTENANT : EXPRIME-TOI CLAIREMENT, COMMENT ENLÈVE-T-ON CE MACHIN RIDICULE ?

HIC ?

93

CE QU'IL FAUDRAIT, C'EST UNE SCIE A' MÉTAUX ... OU ALORS, A' VIANDE...

LE PIÈGE OU LE PIED?

HIC

AH! JE SENS QUE ÇA CÈDE ...

VICTOIRE! C'EST LA FERRAILLE QUI A LACHÉ!

J'AURAIS PERDU MON PARI, TIENS'...

HIC!

KROïïkk

VOILA' QUI EST PARFAIT! VOUS, LE GROS EN UNIFORME, GARDEZ LA POSE! ET VOUS, LE PETIT HOQUETEUX, IMITEZ-LE!...

HIC!?

C'EST ÇA, LES ENVAHISSEURS ?... CES VIEUX DÉBRIS ?...

...POLI, HEIN ?... LE VIEUX DÉBRIS, AGITÉ DE TREMBLOTE SÉNILE, POURRAIT BIEN APPUYER INCONSIDÉRÉMENT SUR CETTE GÂCHETTE...

HIC

NOUS SOMMES ICI POUR RÉCUPÉRER CHICHILLE, MON FILS À MOI, QUI EST ENTRÉ, TOUT PÉTULANT, DANS CE REPAIRE DE BRIGANDS ET N'EN EST PAS RESSORTI. **OÙ EST-IL ?**

FF!
MU MUFF!

...OUI, UN SPORT ANGLAIS, LE CRICKET. VOUS SAISISSEZ SOLIDEMENT LA BATTE COMME CECI, PUIS, TOUT DANS LE POIGNET, VOUS...

MAIS MOI, JE NE VOUS LANCE RIEN, VOUS VOY- HIC...VOUS VOYEZ! JE ME RENDS, MOI! QU'EST-CE QUE JE ME RENDS, ALORS! ON NE S'EST JAMAIS AUTANT RENDU!...

HIC!

OH OUI ALORS, QUE JE ME RENDS! HIC! VOUS EN TROUVEREZ PEU QUI SE RENDENT COMME MOI! POUR LE RENDEMENT, JE SUIS IMBATTABLE! HIC! HO LA LA!

C'EST FINI, LA LITANIE?

OÙ EST ACHILLE?

QUE COMPTEZ-VOUS FAIRE DE MOI, IGNOBLE MISÉRABLE ?

LA FLATTERIE N'A AUCUN EFFET SUR MOI, TALON, JE VOUS EN PRÉVIENS...

VOUS ÊTES UN EMPÊCHEUR DE DANSER EN ROND ! VOTRE VISITE, SUIVIE DE L'INTRUSION DANS LE PARC D'AMIS À VOUS, QUE MES HOMMES SONT EN TRAIN DE DISSUADER M'ONT CONVAINCU D'UNE ÉVIDENCE
...

...LE TRUC DU FRÈRE AHURI QUI A LA MÊME TÊTE QUE MOI, QUE J'ENVOIE CHEZ DES GENS IRRÉPROCHABLES AU MOMENT OÙ J'ACCOMPLIS MES COUPS ! L'ALIBI VIVANT PARFAIT. JE NE VAIS PAS VOUS LAISSER DÉMOLIR ÇA !

C'EST CE QUI PERD TOUS LES COMIQUES DE VOTRE SORTE, SONNET : UN JOUR, ILS NE FONT PLUS RIRE !

OMME TOUS LES
OTS, VOUS, AVEZ
NU **UN** ÉCLAIR
GÉNIE DANS VOTRE
VOUS ÊTES LE
L À AVOIR COM-
MON SYSTÈME !

RIRA BIEN QUI FINIRA PAR RIRE TOUT SEUL PARCE QUE L'AUTRE NE SERA PLUS LÀ. VOUS ALLEZ DÉCOUVRIR UN PETIT ASPECT DE MES ACTIVITÉS QUE VOUS IGNORIEZ ENCORE, TALON...

...ON A, COMME ÇA, DE CES INTUITIONS... FIGUREZ-VOUS QUE JE ME SUIS TOUJOURS, EN PLUS DE LA PSYCHIATRIE, INTÉRESSÉ, POUR LE PLAISIR...

CRRR

... À UN PEU DE ZOOÏATRIE APPLIQUÉE. ET VOTRE COLLABORATION VA M'ÊTRE PRÉCIEUSE...

FLOC

GROMPF

FLOC

FLOC

101

IL Y A ICI UN MONSIEUR QUI SEMBLE AVOIR ÉTÉ DOULOUREUSEMENT FRAPPÉ PAR LES ÉVÉNEMENTS... PEUT-ÊTRE QUE QUELQUES GIFLES CORDIALES LUI REMETTRAIENT LES IDÉES EN PLACE...NON ?

PAF PAF PAF? TRÈS VITE?

NON! N'Y TOUCHEZ PAS, LEFUNESTE. IL FAUT AVANT TOUT TÉLÉPHONER À LA POLICE...

TÉLÉPHONER ? ILS NE LES ONT DONC PAS AMENÉS AVEC EUX...RIEN N'EST JOUÉ!

JE NE SERAI PAS FÂCHÉ DE RETROUVER MES VÊTEMENTS NORMAUX, QU'ILS ONT LAISSÉS À LA SALLE DES DOUCHES...

DOMMAGE! POUR UNE FOIS QUE VOUS ÉTIEZ HABILLÉ D'UNE FAÇON UN PEU MOINS RIDICULE...

JE SUIS NAVRÉ DE MANQUER À TOUS MES DEVOIRS D'HÔTE ...

PAF

... MAIS JE DOIS M'ABSENTER! FAITES COMME CHEZ VOUS, JE VOUS LAISSE!

HÉ! HÉ! HÉ!

106

ENCORE HEUREUX QU'IL N'AIT PAS EU LE RÉFLEXE DE RAMASSER SON REVOLVER... AH! JE RECONNAIS CE COULOIR : ÇA MÈNE AUX DOUCHES, JE VAIS POUVOIR RÉCUPÉRER MON CHAPEAU AU PASSAGE !...

HOP!

!? JE ME DOUTAIS DE QUELQUE CHOSE DE CE GENRE...

ILS M'ONT VU...

?QU'EST-CE QUE C'EST QUE CES RICANEMENTS ÒURNOIS, SOUDAINS ET BÊTES ? JE VOUS AVERTIS, RBANS : JE CONNAIS TOUTES LES RUSES, MOI! VIGILANCE ET CIRCONSPECTION !

HIC

SANS QUOI : BOUM!

LE PLUS INVRAISEMBLABLE DE CETTE HISTOIRE EST QUE VOUS M'AYEZ RÉELLEMENT CRU FOU, SONNET. J'AI BEAU ME SAVOIR BON COMÉDIEN, JE M'ÉTONNE DE LA FACILITÉ AVEC LAQUELLE J'AI PU VOUS DISSIMULER MON INTELLIGENCE...

ENFIN... IL FAUT BIEN QUE LA CHANCE AIDE UN PEU LA POLICE, PARFOIS. CETTE CLINIQUE BIZARRE ÉTAIT REPÉRÉE DEPUIS UN BON MOMENT. CHARGÉ DE L'ENQUÊTE, QUEL MEILLEUR MOYEN DE M'INTRODUIRE DANS LA PLACE QUE D'Y ENTRER COMME MALADE, MMH ? APRÈS TOUT, UNE DOUCHE FROIDE N'A JAMAIS TUÉ PERSONNE...

...HÉLAS!...

NE VOUS PLAIGNEZ PAS, SONNET: VOUS AVEZ BÉNÉFICIÉ D'UN RÉPIT. SI JE NE ME SUIS PAS DÉMASQUÉ PLUS TÔT, C'EST QU'IL M'A FALLU UN CERTAIN TEMPS POUR SAVOIR QUI, DE VOUS OU DE VOTRE JUMEAU, ÉTAIT LA CANAILLE ...

LE JUMEAU! MAIS C'EST VRAI! QU'EST-IL DEVENU, L'INFORTUNÉ? AUX DERNIÈRES NOUVELLES, IL ESSAYAIT DE NOUS AIDER!...

SAC À PAPIER! ...SI LES BANDITS L'EN AVAIENT PUNI?...

SOYEZ SANS INQUIÉTUDE: J'AI FAIT COMME VOUS: J'AI UTILISÉ LE DEUXIÈME FRÈRE SONNET, QUI EST L'HONNÊTETÉ MÊME... ...TOUTEFOIS...

... MOI, J'AI PRIS LA PRÉCAUTION DE LUI CONFIER **UN' MESSAGE ÉCRIT,** CE QUI M'A ÉVITÉ LES LÉGÈRES CONFUSIONS AUXQUELLES VOUS AVIEZ ABOUTI. CHOSE AMUSANTE, MON SONNET, PAR RÉFLEXE, EST RETOURNÉ AU POSTE DE POLICE OÙ VOUS L'AVIEZ EMMENÉ LE PREMIER SOIR...

J'EXECRE CET HOMME!

TIENS! VOUS ICI? QUELLE SURPRISE, CHÈRE MARQUISE...

...SI BIEN QUE CE SONT LES HOMMES DU BON BRIGADIER HOMÈRE VEILLE, LUI-MÊME, QUI NOUS ONT REJOINTS LES PREMIERS ICI...VOUS ALLEZ POUVOIR L'EN FÉLICITER...

QUATORZE SECONDES AVANT QUE JE NE SOIS RELEVÉ PAR MON COLLÈGUE OSCAR NAIDENOTE, L'INDIVIDU SE DRESSE DEVANT MOI. IL APPORTE UN ORDRE DE MOBILISATION DÛMENT SIGNÉ PAR L'INSPECTEUR NELSON. J'OBTEMPÈRE, JE JETTE MES HOMMES À LA RESCOUSSE, PUIS, POUSSÉ PAR UN DÉMON RIDICULE, JE COMMETS L'ERREUR GRAVE : **JE DEMANDE AU QUIDAM DES EXPLICATIONS SUPPLÉMENTAIRES !**

AÏE, AÏE, AÏE!

?

ALERTE ET ZIZANIE! J'APPRENDS DANS LE DÉSORDRE QU'UN CERTAIN ACHILLE TALON, COLLOQUÉ DANS UN ASILE, SE SERAIT MYSTÉRIEUSEMENT EMPARÉ DE LA GRILLE DE SA CLINIQUE, À DES FINS SUSPECTES ET RÉPRÉHENSIBLES...

MAIS **NON!**

ENFIN! ...

FAITES DONC ATTENTION QUAND ON VOUS PARLE, QUOI!! J'AI DIT TOUT AU CONTRAIRE QUE CETTE CLINIQUE, QUI N'EN EST PAS VRAIMENT UNE, OU DU MOINS EN PARTIE CONTRAIREMENT AUX APPARENCES, AVAIT ÉTÉ INVESTIE PAR LES AMIS DE MONSIEUR TALON, ÉGALEMENT CONNU SOUS LE NOM DE LA MARQUISE...

TOUT S'EXPLIQUE.

MOI?

...TOUTEFOIS, ÂÂÂÂTTENTION! NE CONFONDONS PAS: CES JEUNES GENS, PEUT-ÊTRE UN PEU IMPÉTUEUX, N'EN SONT PAS POUR AUTANT DES CAMBRIOLEURS. LES VRAIS CAMBRIO-LEURS NE SONT PAS CEUX QUI SE SONT INTRODUITS ICI, MAIS CEUX QUI Y HABITENT. C'EST CLAIR ?

CE NE SONT DONC PAS LES CAMBRIOLEURS DE LA CLINIQUE QU'IL CONVIENT D'ARRÊTER, MAIS BIEN LES CAMBRIOLÉS APPARENTS, QUI SONT EN RÉALITÉ LES VÉRITABLE CAMBRIOLEURS, PUISQUE LA CLINIQUE N'A JAMAIS ÉTÉ CAMBRIOLÉE...

...CAR CE QUI A ÉTÉ CAMBRIOLÉ, C'EST LA BIJOUTERIE, ET IL EST ÉVIDENT QUE LES AMIS D'ACHILLE TALON N'Y SONT POUR RIEN. JE ME DEMANDE COMMENT VOUS POUVEZ TOUT MÉLANGER À CE POINT!

JE CROIS QU'IL SERAIT CHARITABLE QUE JE CLARIFIE UN PEU LES CHOSES POUR LE BRIGADIER... JE VOUS LAISSE LE SONNET HONNÊTE...

C'EST POURTANT SIMPLE! VOUS QUI PARAISSEZ INSTRUIT, VOUS ALLEZ VOIR, JE REPRENDS...

ET C'EST ICI, CHER LECTEUR, QUE SE PLACE L'ÉVÉNEMENT LE PLUS FANTASTIQUE DE CE RÉCIT: C'EST EN EFFET MOINS DE QUATRE HEURES PLUS TARD QUE LE BRIGADIER HOMÈRE VEILLE, DU POSTE DE POLICE N°22, PRONONÇA ENFIN CETTE PHRASE INCROYABLE:

J'AI COMPRIS!

ASPIRINE

ASPIRINE

BON. ILS DÉMÉNAGENT TOUS LES PENSIONNAIRES... LES VRAIS MALADES IRONT DANS UNE VRAIE CLINIQUE, ET CEUX-LÀ, AU ZOO... BÊÊÊH!

OHÉ! BONNE NOUVELLE! ON VIENT DE RETROU-VER TOUT LE BUTIN DES VOLEURS... LE BIJOUTIER PETIT CARAT POURRA NOUS OFFRIR LA TOURNÉE, LES ENFANTS!

L'INSPECTEUR A CONDUIT SES PREMIERS INTERROGATOIRES SUR PLACE... AVEUX COMPLETS! ET IL SE CONFIRME QUE BARNABÉ SONNET, TON VISITEUR, IGNORAIT TOUT DU RÔLE QUE SON FRÈRE SIGISMOND LUI FAISAIT JOUER... ON NE RETIENDRA RIEN CONTRE LUI...

HOP!

IL FAUDRA L'AIDER UN PEU DANS LES DÉBUTS... CE GARÇON EST UN PEU DISTRAIT, MAIS BIEN SYMPATHIQUE... ET IL A DÛ ÉPROUVER UNE GROSSE DÉCEPTION EN APPRENANT LA VÉRITÉ...

CHICHILLE, MON FILS À MOI, TU AS LE CŒUR ENCORE PLUS CONSIDÉRABLE QUE LE NEZ...

C'EST DE FAMILLE.

LE VOILÀ... SAPERLIPOPETTE, IL A VRAIMENT L'AIR ATTERRÉ...

SITUATION DÉLICATE QUI SOLLICITE TOUT MON SENS DE L'À PROPOS, PAR BONHEUR INÉPUISABLE.

J'INTERVIENS.

WWOOOOOOO

BARNABÉ SONNET, MON AMI, DU COURAGE! BIEN SÛR, IL N'EST PAS GAI D'APPRENDRE QU'ON A POUR FRÈRE UN MALFAITEUR AUSSI RÉPUGNANT QU'IGNOBLE, MAIS PERSONNE N'EST PARFAIT...

DISONS-LE NOUS BIEN...

ALLONS, QUOI!...

CE QUI COMPTE, C'EST QUE VOUS VOILÀ DÉLIVRÉ DE VOTRE MAUVAIS GÉNIE. HAUT LES COEURS! UNE VIE NOUVELLE COMMENCE, ON TOURNE LA PAGE, LE SOLEIL DE L'ESPOIR SE LÈVE À L'HORIZON, ET TOUT ÇA, ET TOUT ÇA... HOP!

OUI, JE ME SUIS DIT TOUTES CES CHOSES...MAIS HÉLAS! MESSIEURS... L'INQUIÉTUDE ME RONGE...

ZIM! BOUM

TAÏAUT

...CAR JE ME DEMANDE AVEC ANGOISSE SI JE NE VIENS PAS, SOUS VOS YEUX, D'ÊTRE LA VICTIME D'UNE

EFFROYABLE ERREUR JUDICIAIRE!

UNE...? MAIS, MILLE CANETTES, C'EST TRÈS GRAVE, ÇA, SONNET! EXPLIQUEZ-VOUS!

NOUS SOMMES AVEC VOUS! DITES-NOUS TOUT, QUE NOUS MONTIONS INCONTINENT À L'ASSAUT!

OH! C'EST TRAGIQUEMENT SIMPLE...

TOUTE L'AFFAIRE REPOSE SUR LA RESSEMBLANCE EXTRAORDINAIRE EXISTANT ENTRE MON FRÈRE ET MOI...NOUS-MÊMES NE NOUS Y RETROUVONS PAS TOUJOURS...

...VOILÀ QU'UN DE NOUS DEUX A DES COMPTES À RENDRE À LA JUSTICE...SUPPOSEZ QUE CE NE SOIT PAS LE BON...OU PLUTÔT LE MAUVAIS...QUE LE FOURGON CELLULAIRE EMMÈNE... SUPPOSEZ QU'À L'INSU GÉNÉRAL, ON AIT CONFONDU...

...VICTIME UNE FOIS DE PLUS DE LA RESSEMBLANCE QUI FUT MON DRAME, C'EST PEUT-ÊTRE MOI QUE L'INSPECTEUR A ARRÊTÉ ET DANS CE CAS, JE RISQUE DE PASSER INJUSTEMENT DES ANNÉES EN PRISON EN CROYANT QUE JE SUIS MON FRÈRE!

PARUS

LUCKY LUKE - AVENTURES DANS L'OUEST - Morris-Goscinny - 7001
ACHILLE TALON - LE MYSTÈRE DE L'HOMME A DEUX TÊTES - Greg - 7002
BLAKE ET MORTIMER - LE SECRET DE L'ESPADON 1 - Jacobs - 7003
SNOOPY - REVIENS SNOOPY - Schulz - 7004
BLUEBERRY - LA MINE DE L'ALLEMAND PERDU - Giraud-Charlier - 7005
RUBRIQUE A BRAC - TOME 1 - Gotlib - 7006
TANGUY ET LAVERDURE - LES ANGES NOIRS - Jije-Charlier - 7007
VALÉRIAN - LA CITÉ DES EAUX MOUVANTES - Mézières-Christin - 7008
BOULE ET BILL - LES GAGS DE BOULE ET BILL 1 - Roba - 7009
LA QUÊTE DE L'OISEAU DU TEMPS - LA CONQUE DE RAMOR - Loisel-Letendre - 7010
PARTIE DE CHASSE - Bilal-Christin - 7011
LÉONARD - LÉONARD EST TOUJOURS UN GÉNIE - Turk-De Groot - 7012

A PARAÎTRE

BLAKE ET MORTIMER - LE SECRET DE L'ESPADON 2 - Jacobs
BLUEBERRY - LE SPECTRE AUX BALLES D'OR - Giraud-Charlier
IZNOGOUD - LE GRAND VIZIR IZNOGOUD - Tabary-Goscinny
ACHILLE TALON - LE QUADRUMANE OPTIMISTE - Greg

POCKET B.D.

EDITIONS PRESSES ♥ POCKET
8, rue Garancière 75285 Paris Cedex 06
Tél. (1) 46.34.12.80

Imprimé par Ouest Impressions Oberthur
35000 RENNES